Giuseppe Raimondo

L'approccio cristiano al mistero della sofferenza e del dolore

Giuseppe Raimondo

L'approccio cristiano al mistero della sofferenza e del dolore

Per trasformare le ferite in feritoie di grazia

Edizioni Sant'Antonio

Imprint

Cover image: Image belongs to the author

Publisher:
Edizioni Accademiche Italiane
is a trademark of
International Book Market Service Ltd., member of OmniScriptum Publishing Group
17 Meldrum Street, Beau Bassin 71504, Mauritius

Printed at: see last page
ISBN: 978-613-8-39126-5

PRESENTAZIONE

Il nostro studio parte da un argomento con cui siamo chiamati a misurarci quotidianamente: il mistero della sofferenza e del dolore.

L'opzione è stata orientata dai dilemmi che attanagliano oggi la nostra società da cui si evince subito una perdita della dimensione etica dell'esistenza e una corsa sempre più sfrenata al soggettivismo. Tutto ciò conduce facilmente ad una forte relativizzazione dei valori, specie per ciò che concerne le domande esistenziali sul senso del nascere, vivere e morire. Non è difficile rendersi conto della mancanza di un'informazione corretta e soprattutto di una erronea conoscenza di quanto la Chiesa propone in materia.

L'elaborato, nel suo insieme, ci ha permesso di verificare le nostre conoscenze e le motivazioni più profonde per un approccio più autenticamente cristiano al dolore e alla sofferenza, ai fini di un'azione pastorale più incisiva sul modello di Cristo buon samaritano.

ABBREVIAZIONI E SIGLE

CEI	Conferenza Episcopale Italiana.
ECEI	*Enchiridion della Conferenza Episcopale Italiana*, Dehoniane, Bologna 1985ss.
EE	*Enchiridion delle Encicliche*, Dehoniane, Bologna 1994ss.
EV	*Enchiridion Vaticanum, Documenti ufficiali della Santa Sede*, Dehoniane, Bologna 1966ss.
PG	J. - P. MIGNE (ed.), *Patrologiae cursus completus. Series graeca,* voll. 1-161, Migne, Paris 1857-1866.
PL	J. - P. MIGNE (ed.), *Patrologiae cursus completus. Series latina,* voll. 1-221, Migne-Garnier, Paris 1844-1864.

Introduzione

«Qual è il significato del dolore, del male, della morte che malgrado ogni progresso continuano a sussistere? [...] Cosa ci sarà dopo questa vita?»[1]. Così recita la Costituzione pastorale *Gaudium et spes* nella sua parte introduttiva, interrogandosi sulle domande più profonde dell'uomo di oggi. Di fronte alle trasformazioni sociali, alle difficoltà che incombono sulla vita umana, alle speranze e alle angosce che accompagnano l'uomo di sempre, non esiste uomo che non si ponga tali domande. Non possiamo negare che i fattori esterni di cui soffre il mondo rispecchiano in qualche modo il dramma e la lotta che si consuma dentro ogni uomo[2] tra il suo desiderio di infinito e la miseria dei suoi limiti legati alla sua creaturalità: «La storia dell'uomo è, sì, dolore e sofferenza, ma è anche altro. È espressione di vitalità, di desiderio, di creatività, di felicità e tante altre cose ancora»[3]. Il contrasto che l'uomo vive in sé[4] può comunque costituire un motivo di equilibrio, «che è insieme dono e compito. Che è sforzo e gaudio. Che è fobia e ardimento. Che è rassegnazione e

---

[1] CONCILIO VATICANO II, *Gaudium et spes*. Costituzione pastorale sulla Chiesa nel mondo contemporaneo, 7 dicembre 1965, in EV 1, 1350.

[2] «L'uomo, che può essere definito come sintesi dell'universo e *quodammodo omnia*, è un "composto" di anima e corpo. Il corpo fa parte dell'essenza dell'uomo [...] Ma la corporeità è anche un limite. L'uomo è mortale, sottomesso alle malattie e alle debolezze, deve sopportare le miserie, ed è anche un peso per gli altri. La corporeità implica che non è possibile in questo mondo la piena felicità e che le carenze e i mali possono apparire più numerosi dei beni»: PONTIFICIO CONSIGLIO PER LA FAMIGLIA, *Famiglia e procreazione umana*, Roma, 13 maggio 2006, in EV 23, 1866. «Il binomio antropologico di Pascal: miseria-grandezza, lo si ritrova nella combinazione semantica dei due termini della lingua greca e latina. Si osserva, all'inizio del primo volume di questo trattato, che la voce *ánthropos*, secondo l'interpretazione platonica, indica l'essere che è capace di *rendersi conto* di ciò che vede, della grandezza che egli è. O, secondo un altro filone, l'essere *rivolto verso la luce*. L'ermeneutica latina di *homo* rimarca, invece, lo *humus* di provenienza e coglie la realtà in causa come impasto di debolezza, fragilità, instabilità, provvisorietà. Proprio come la terra»: S. PALUMBIERI, *L'Uomo, questo paradosso. Antropologia Filosofica II. Trattato sulla Con-centrazione e Condizione Antropologica*, "Manuali" 7, Urbaniana University Press, Roma 2000, 24.

[3] A. MONTANO, *Dolore e sofferenza*, in "Itinerarium" 15(2007)36, 13.

[4] Cfr. CONFERENZA EPISCOPALE ITALIANA, *Evangelizzazione e sacramenti della penitenza e dell'unzione degli infermi*, Documento pastorale, 12 luglio 1974, in ECEI 2, 1503.

speranza»[5]. Stupore, fervore e orrore sono i sentimenti proprio di ogni uomo: stupore per la meraviglia ogni volta che contempla il "bello" in sé e attorno a sé; fervore dinanzi al paradosso per la constatazione del "vero"; orrore davanti al niente che minaccia l'essere[6].

L'uomo è l'unico essere che si sforza di trovare il significato di tutto, al fine di vivere una vita piena di senso. Ora, se non neghiamo l'esistenza di situazioni ricche e significative da questo punto di vista, è altrettanto vero che ne esistono altre che per la loro incongruenza logorano la stessa storia: fatiche inutili, insuccesso, dolore senza senso ... Proprio in queste prove l'uomo si mette alla ricerca di un significato per conferire un senso alla propria vita[7]: «Non si può vivere senza sapere *perché*. Né si può operare senza sapere *per chi*»[8].

Davanti alla sofferenza, al dolore, ad ogni situazione di male in genere, che «non si sceglie, *si patisce*. Ci assale. Ci modifica»[9], l'uomo non può restare indifferente. Egli sente di essere chiamato a reagire, prendendo una posizione. Quello del "defilarsi" può essere un atteggiamento: l'atteggiamento di chi sfugge alla responsabilità, scegliendo di rimuovere il problema e vivere un'esistenza banale. C'è poi chi preferisce la "rassegnazione": «Il soggetto prende atto della drammaticità della presenza del male nella sua vita. Ma lo inquadra all'interno di un determinismo fatalistico»[10]. La "ribellione" è l'atteggiamento di chi rifiuta di accettare un determinato stato di prostrazione e si dispera. C'è infine chi dal dolore riesce a farsi stimolare, mettendosi alla ricerca del senso della propria esistenza: «La sofferenza svela, dunque, la potenzialità. Appella alla responsabilità. E questa è chiamata sempre a trasformare le sfide del dolore in stimoli per un amore più grande»[11].

---

[5] Cfr. S. PALUMBIERI, *L'Uomo, questo paradosso. Antropologia Filosofica II. Trattato sulla Concentrazione e Condizione Antropologica*, 27.

[6] Cfr. *Ibidem*.

[7] Cfr. GIOVANNI PAOLO II, *Salvifici Doloris. Lettera Apostolica sul senso cristiano della sofferenza umana*, 11 febbraio 1984, in EV 9, 631.

[8] S. PALUMBIERI, *L'Uomo, questo paradosso. Antropologia Filosofica II. Trattato sulla Concentrazione e Condizione Antropologica*, 307.

[9] A. MONTANO, *Dolore e sofferenza*, 14.

[10] S. PALUMBIERI, *L'Uomo, questo paradosso. Antropologia Filosofica II. Trattato sulla Concentrazione e Condizione Antropologica*, 309.

[11] *Ibidem*, 311.

In questo l'esempio di Gesù è illuminante. Le sue sofferenze e la sua morte sono state volute da una gruppo di furfanti, ma il Padre gli ha chiesto di trasformare quella vicenda di dolore , anche se umanamente molto duro, in una vicenda di amore e di redenzione[12]:

> «Ma per poter percepire la vera risposta al "perché" della sofferenza, dobbiamo volgere il nostro sguardo verso la Rivelazione dell'amore divino, [...] Cristo ci fa entrare nel mistero e ci fa scoprire il "perché" della sofferenza, in quanto siamo capaci di comprendere la sublimità dell'amore divino. [...] L'amore è anche la sorgente più piena della risposta all'interrogativo sul senso della sofferenza. Questa risposta è stata data da Dio all'uomo nella Croce di Gesù Cristo»[13].

La Chiesa, consapevole delle responsabilità che il suo ruolo comporta, sa che la fede, che in lei sussiste, è la risposta più efficace agli interrogativi più drammatici che pongono in questione il senso stesso della vita. La malattia e il dolore, infatti, con tutto quanto comportano nel credente, vanno considerati anche in quanto esperienza di chi ha ricevuto nel Battesimo la fede nel Dio che a noi si è rivelato in Gesù:

> «Il benessere dell'uomo, nella sua strutturazione duale di corpo e anima, comporta, tuttavia, necessariamente anche l'attenzione alla sua sfera spirituale, quale deterrente fondamentale e a volte decisivo, quanto è più ancora della stessa medicina, per conservarsi in salute o per risollevarsi nella malattia, poiché, "lo spirito dell'uomo lo sostiene nella malattia, ma uno spirito afflitto chi lo solleverà?" (Pr 18,14)»[14].

Entrambe le dimensioni, malattia e dolore, nella vita di un credente non sono dunque qualcosa di meramente legato al corpo, ma anche allo spirito[15], per cui,

---

[12] «Prendendo sopra di sé le nostre infermità, e scegliendo un'esistenza che fu croce e martirio, egli ci ha svelato il valore del dolore e della morte, "facendo diventare la sofferenza fonte positiva di bene" (Paolo VI)»: CONFERENZA EPISCOPALE ITALIANA, *Evangelizzazione e sacramenti della penitenza e dell'unzione degli infermi*, 1506. La fonte della citazione di Paolo VI non è specificata.

[13] GIOVANNI PAOLO II, *Salvifici Doloris*, 636.

[14] N. CONTE, *La prospettiva teologico-liturgica della malattia e della sofferenza umana*, in "Itinerarium" 15(2007)36, 52.

[15] Cfr. *Ibidem*, 48.

seppur con intensità differente, possono costituire una minaccia alla fede, alla speranza e alla carità.

Si presentano come attacco alla fede perché i tanti interrogativi che sorgono nell'anima di chi soffre tendono, nella maggior parte dei casi, a mettere in discussione il rapporto di abbandono fiducioso in Dio:

> «Perché il male? Perché il male nel mondo? [...] L'uomo, infatti, non pone questo interrogativo al mondo, benché molte volte la sofferenza gli provenga da esso, ma lo pone a Dio come al Creatore e al Signore del mondo. Ed è ben noto come sul terreno di questo interrogativo si arrivi non solo a molteplici frustrazioni e conflitti nei rapporti dell'uomo con Dio, ma capiti che si giunga alla negazione stessa di Dio»[16].

In secondo luogo, sia nel manifestarsi ordinario della malattia, che nel caso in cui assuma i tratti di una menomazione permanente o si presenti come patologia in sé incurabile, è la speranza ad essere esposta a rischio. Nell'enciclica *Evangelium vitae* così scriveva Giovanni Paolo II:

> «Può essere decisivo, nel soggetto malato, il senso di angoscia, di esasperazione, persino di disperazione, provocato da un'esperienza di dolore intenso e prolungato. Ciò mette a dura prova gli equilibri a volte già instabili della vita personale e familiare, sicché da una parte, il malato, nonostante gli aiuti sempre più efficaci dell'assistenza medica e sociale, rischia di sentirsi schiacciato dalla propria fragilità; dall'altra, in coloro che gli sono effettivamente legati, può operare un senso di comprensibile anche se malintesa pietà»[17].

Malattia e dolore, infine, minacciano la carità, specie quando portano il malato a chiudersi in se stesso a scapito dell'attenzione verso gli altri e della gioia che nasce dall'amore generoso:

---

[16] GIOVANNI PAOLO II, *Salvifici Doloris*, 631.

[17] GIOVANNI PAOLO II, *Evangelium vitae.* Lettera enciclica sul valore e l'inviolabilità della vita, 25 marzo 1995, in EE 8, 1845.

«L'uomo "muore", quando perde la "vita eterna". Il contrario della salvezza non è, quindi, la sola sofferenza temporale, una qualsiasi sofferenza, ma la sofferenza definitiva: la perdita della vita eterna, l'essere respinti da Dio, la dannazione»[18].

Con il presente studio ci proponiamo di offrire alcune considerazioni sulla malattia e sulla sofferenza a partire da un approccio cristiano, alla luce della fede, per metterne in luce il valore più nascosto.

Per conseguire il nostro scopo nel primo capitolo della trattazione prenderemo in esame anzitutto il valore incomparabile della persona umana, per poi soffermarci brevemente su una delle dinamiche che ne costituiscono una minaccia. Nel secondo capitolo rifletteremo sulla risposta che la Scrittura consegna ad ogni uomo in tema di sofferenza e di dolore. Certi che solo il futuro potrà rivelarci in pienezza il valore e il frutto della sofferenza in questa vita, nel terzo capitolo tratteremo del carattere escatologico dell'esistenza cristiana nella morte, considerando quest'ultima come via di accesso alla realtà stessa di Dio. Per ultimo, nel quarto capitolo, coscienti del dramma umano, attenti alla Parola di Dio e animati dalla speranza ultima, passeremo ad analizzare l'impegno della Chiesa nell'accompagnamento degli infermi e nell'aiuto che loro offre affinché vivano positivamente la loro esperienza personale come «occasione propizia di crescita umana e maturazione nella fede»[19].

[18] GIOVANNI PAOLO II, *Salvifici Doloris*, 649.

[19] N. CONTE, *La prospettiva teologico-liturgica della malattia e della sofferenza umana*, in "Itinerarium" 15(2007)36, 53.

Capitolo primo

VALORE DELLA VITA UMANA E SUA INVIOLABILITÁ

Oggi dinanzi alle minacce della sofferenza pare si assuma l'atteggiamento comune di lotta contro la stessa al fine di eliminarla[20], piuttosto che comprenderne la sua capacità umana:

> «Oggi la domanda del dolore sembra tacere, non perché abbia trovato risposta, ma perché sembra piuttosto ri/solta dallo sprofondare del dolore nell'abisso del non senso, e dal contemporaneo, non irrelato, approfondirsi dell'assenza di Dio dai nostri orizzonti. Appartiene al tempo della tecnica, alle sue coordinate essenziali, l'efficienza, l'efficacia, la produttività, il consegnare ciò che, come il dolore, è perdita, sconfitta al non-senso: una consegna senza possibilità di appello. La volontà di dominio che segna la tecnica moderna vuole che il dolore sia inteso "come qualcosa che può e deve essere dominato" e che la tecnica sia "la forma oggettiva (...) per dominarlo". Tutto ciò porta ad un'oggettivazione del dolore, ad una sua riduzione a "dato", rivolta alla sua eliminazione, o perlomeno al suo controllo: [...] L'uomo della tecnica non accetta né che il dolore sia la tessitura della vita, né che sia una prova, un passaggio necessario alla salvezza. Vuole solo eliminare il dolore e là dove non ci riesce preferisce eliminare la vita pur di eliminare il dolore»[21].

Quanto fin qui detto non può non scuoterci a causa del fatto che queste posizioni nei confronti della sofferenza e della malattia non fanno che costituire una seria minaccia alla dignità della persona umana, nel nostro caso della persona

---

[20] «La sofferenza è considerata scomoda compagna di cui l'uomo diventa silenzioso spettatore impotente; la malattia è vissuta come evento da cui liberarsi più che evento da liberare»: COMMISSIONE EPISCOPALE DELLA CEI PER IL SERVIZIO DELLA CARITÀ E LA SALUTE, *"Predicate il Vangelo e curate i malati". La comunità cristiana e la pastorale della salute*, Nota pastorale, Figlie di san Paolo, Milano 2007, 11.

[21] M. GENSABELLA FURNARI, *La domanda del dolore*, in "Itinerarium" 15(2007)36, 22.

malata[22].

Rimane pur vero il fatto che ogni persona, sebbene segnata dalla sofferenza, continua a conservare il diritto a vivere una vita in pienezza[23] e, come tale, a chiedere che la si aiuti ad affrontare con dignità quella prova fisica. La vita dell'uomo, infatti, ha il suo inizio in Dio e come tale nessuno è libero di disporne a proprio piacimento[24]. In quanto dono per eccellenza proveniente dall'infinita misericordia e gratuità di Dio, l'uomo è chiamato ad accoglierla e a prendersene cura, disponendosi ad essere sempre pronto a renderne conto[25]:

> «La vita propria è un dono da salvaguardare con massima diligenza e da restituire a Dio. Anche la vita degli altri è un dono: anch'essa va tutelata e custodita, anch'essa va riconsegnata a Dio. Nessuno è quindi padrone e signore della sua vita e di quella degli altri: non esiste nessun dominio sulla vita, né alcun vincolo determinato da condizionamenti umani [...] Ogni credente in Cristo riconosce in questa mutua libertà la necessaria dichiarazione di indisponibilità della vita, come bene sommo, irrinunciabile e non sottoposto ad alcuna restrizione»[26].

Comprendiamo allora perché questo principio non ammette la benché minima accondiscendenza nei confronti di sensibilità diverse; ratifica l'intangibilità e la sacralità della vita fisica, che va curata, difesa e promossa, evitando tutte quelle situazioni che possono costituirne una minaccia.

La difficoltà dell'uomo a confrontarsi con la malattia e la sofferenza è lampante in due tendenze[27] in modo particolare: l'accanimento terapeutico[28] e

---

[22] Cfr. GIOVANNI PAOLO II, *Evangelium vitae*, 1845.

[23] «L'uomo è chiamato a una pienezza di vita che va ben oltre le dimensioni della sua esistenza terrena, poiché consiste nella partecipazione alla vita stessa di Dio»: *Ibidem*, 1802.

[24] «La vita dell'uomo proviene da Dio, è suo dono, sua immagine e impronta, partecipazione del suo soffio vitale. *Di questa vita*, pertanto *Dio è l'unico signore*: l'uomo non può disporne»: *Ibidem*, 1929.

[25] Cfr. G. COSTA, *Fondamenti biblici della bioetica*, "Cultura e vita" 7, Coop.S.Tom., Messina 2003, 29.

[26] *Ibidem*, 33.

[27] Cfr. COMMISSIONE EPISCOPALE PER IL SERVIZIO DELLA CARITÀ E LA SALUTE, *"Predicate il Vangelo e curate i malati"*, 9.

l'eutanasia. In entrambi i casi egli esprime il suo bisogno di dominare tanto sulla vita quanto sulla morte.

1. L'eutanasia

Una delle espressioni più evidenti di minaccia alla dignità della persona umana è senza ombra di dubbio l'eutanasia.

Per eutanasia si intende l'atto con cui si procura a chi soffre di un male incurabile e forse straziante una "morte dolce":

> «Etimologicamente la parola *eutanasia* significava, nell'antichità, una *morte dolce* senza sofferenze atroci. Oggi non ci si riferisce più al significato originario del termine, ma piuttosto all'intervento della medicina diretto ad attenuare i dolori della malattia e dell'agonia, talvolta anche con il rischio di sopprimere prematuramente la vita. Inoltre, il termine viene usato, in senso più stretto, con il significato di *procurare la morte per pietà*, allo scopo di eliminare radicalmente le ultime sofferenze o di evitare a bambini anormali, ai malati mentali o agli incurabili il prolungarsi di una vita infelice, forse per molti anni, che potrebbe imporre degli oneri troppo pesanti alle famiglie o alla società [...] un'azione o un'omissione che di natura sua, o nelle intenzioni, procura la morte, allo scopo di eliminare ogni dolore. L'eutanasia si situa, dunque, al livello delle intenzioni e dei metodi usati»[29].

La pubblica opinione tende a difendere l'eutanasia. In quasi tutti i settori della medicina odierna, infatti, si devono costantemente prendere difficili decisioni sulla

---

[28] «Si è in presenza di accanimento terapeutico quando si vuol prolungare la vita con ogni mezzo senza che ci sia la speranza di guarigione o di vita residua di buona qualità [...] Alla base del prolungamento artificiale della vita ad ogni costo e della provocazione intenzionale della morte c'è un atteggiamento affine, che impedisce di accettare la morte, sia che si tratti della propria sia di quella degli altri»: M. ARAMINI, *Accanimento terapeutico*, in G. RUSSO (ed.), *Enciclopedia di bioetica e sessuologia*, Elle Di Ci – Velar – Cic Edizioni Internazionali, Leumann (TO) – Gorle (BG), Roma 2004, 22-23.

[29] SACRA CONGREGAZIONE PER LA DOTTRINA DELLA FEDE, *L'eutanasia*, 5 maggio 1980, in EV 7, 354-355.

linea di confine fra la vita e la morte poiché i mezzi offerti dall'avanzamento scientifico e dalla potenza della tecnologia permettono di intervenire in molte situazioni cliniche. Lo stesso progresso tecnico-scientifico ha prodotto un notevole allungamento della vita media e, inevitabilmente, la sopravvivenza di pazienti in gravi condizioni croniche inguaribili[30]. Comprendiamo allora come in un mondo segnato dal progresso scientifico la morte appare come un "incidente di percorso", «un assurdo che occorre in qualche modo controllare e razionalizzare»[31].

Dinanzi a tale situazione non sono pochi coloro i quali si interrogano sul significato della loro vecchiaia e della morte, chiedendosi se possono rivendicare il diritto di chiedere per se stessi o per i loro cari la "morte dolce" per alleviare il dolore nel rispetto della dignità dell'uomo[32].

L'eutanasia rimane però pur sempre un grave crimine contro la legge di natura e pertanto non si sbaglia nel ritenerla un vero e proprio "omicidio":

> «*confermo che l'eutanasia è una grave violazione della Legge di Dio*, in quanto uccisione deliberata moralmente inaccettabile di una persona umana. Tale dottrina è fondata sulla legge naturale e sulla parola di Dio scritta, è trasmessa dalla Tradizione della Chiesa e insegnata dal magistero ordinario e universale. Una tale pratica comporta, a seconda delle circostanze, la malizia propria del suicidio o dell'omicidio»[33].

Elenchiamo alcune ragioni per le quali l'eutanasia va condannata perché immorale. La prima ragione fondamentale sta nel fatto che «costituisce un rifiuto della sovranità assoluta di Dio sulla vita e sulla morte»[34]; chi la pratica arroga a sé il diritto di proprietà sulla vita. Chiedere l'eutanasia o assistere chi la richiede equivale

---

[30] «Mediante sistemi e apparecchiature estremamente sofisticati, la scienza e la pratica medica sono oggi in grado non solo di risolvere casi precedentemente insolubili e di lenire o eliminare il dolore, ma anche di sostenere e protrarre la vita perfino in situazioni di debolezza estrema, di rianimare artificialmente persone le cui funzioni biologiche elementari hanno subito tracolli improvvisi, di intervenire per rendere disponibili organi da trapiantare»: GIOVANNI PAOLO II, *Evangelium vitae*, 2015.

[31] G. RUSSO, *Bioetica*, LAS, Roma 2005, 225.

[32] Cfr. SACRA CONGREGAZIONE PER LA DOTTRINA DELLA FEDE, *L'eutanasia*, 354-357.368-371.

[33] GIOVANNI PAOLO II, *Evangelium vitae*, 2020.

[34] *Ibidem*, 2021.

rispettivamente ad essere un suicida o un assassino[35]. Inoltre, pur giustificando il ricorso all'eutanasia come la scelta del male minore per il paziente che, seppur destinato a morire, diversamente andrebbe incontro ad una morte lenta e tormentosa, piuttosto che ad una morte sollecita e indolore; si commetterebbe comunque un grave sbaglio perché al danno fisico della prima possibilità, si opterebbe per un danno morale e questo è peccato che, noi sappiamo, non si può né volere né commettere.

Secondariamente fare ricorso all'eutanasia significa trascurare il valore soprannaturale dell'uomo:

> «1. Nessuno può attentare alla vita di un uomo innocente senza opporsi all'amore di Dio per lui, senza violare un diritto fondamentale, inammissibile e inalienabile, senza commettere, perciò, un crimine di estrema gravità. 2. Ogni uomo ha il dovere di conformare la sua vita al disegno di Dio. Essa gli è affidata come un bene che deve portare i suoi frutti già qui in terra, ma trova la sua piena perfezione soltanto nella vita eterna. 3. La morte volontaria ossia il suicidio è, pertanto, inaccettabile al pari dell'omicidio: un simile atto costituisce, infatti, da parte dell'uomo, il rifiuto della sovranità di Dio e del suo disegno di amore. Il suicidio, inoltre, è spesso anche rifiuto dell'amore verso se stessi, negazione della naturale aspirazione alla vita, rinuncia di fronte ai doveri di giustizia e di carità verso il prossimo, verso le varie comunità e verso la società intera»[36].

Terza ragione: la pratica dell'eutanasia a lungo andare potrebbe diminuire la fiducia del paziente nei medici stessi. La persona gravemente ammalata, infatti, potrebbe temere che il medico, considerandolo un caso grave e incurabile, possa porre fine alla sua sofferenza uccidendolo[37].

Concludiamo riportando le parole del Papa Benedetto XVI all'*Angelus* di domenica 1 febbraio 2009. Richiamando il tema del Messaggio in occasione della Giornata per la Vita: "La forza della vita nella sofferenza", così ha esordito il

---

[35] «Condividere l'intenzione suicida di un altro e aiutarlo a realizzarla mediante il cosiddetto "suicidio assistito" significa farsi collaboratori, e qualche volta attori in prima persona, di un'ingiustizia, che non può mai essere giustificata, neppure quando fosse richiesta»: *Ibidem*.

[36] SACRA CONGREGAZIONE PER LA DOTTRINA DELLA FEDE, *L'eutanasia,* 351-353.

[37] Cfr. E. F. HEALY, *Medicina e morale*, "Multiformis sapientia" 16, Edizioni Paoline, Roma 1956, 334.

Romano Pontefice:

> «Mi unisco di cuore alle loro parole, nelle quali si avverte l'amore dei Pastori per la gente, e il coraggio di annunciare la verità, il coraggio di dire con chiarezza, ad esempio, che l'eutanasia è una falsa soluzione al dramma della sofferenza, una soluzione non degna dell'uomo. La vera risposta non può essere infatti dare la morte, per quanto "dolce", ma testimoniare l'amore che aiuta ad affrontare il dolore e l'agonia in modo umano. Siamone certi: nessuna lacrima, né di chi soffre, né di chi gli sta vicino, va perduta davanti a Dio»[38].

Le parole con cui il papa ci invita a rendere testimonianza all'amore, che ci sostiene nelle prove della vita, ci introducono immediatamente a considerare la manifestazione dell'Amore nella storia della salvezza.

---

[38] BENEDETTO XVI, *L'eutanasia è una falsa soluzione al dramma della sofferenza*, in "L'Osservatore romano" 2/3 febbraio 2009, 149(2009)27, 8.

Capitolo secondo

LA RISPOSTA DELLA PAROLA DI DIO ALLA DOMANDA SUL PERCHÉ DELLA SOFFERENZA

La Sacra Scrittura non esula dal dare una risposta agli interrogativi dell'uomo sul perché della sofferenza. Essa tuttavia non svela integralmente il mistero del dolore, né ne cancella il dramma, ma apre squarci luminosi, rivelandone il senso più profondo.

Nelle pagine dell'Antico Testamento l'interrogativo del dolore viene affrontato secondo prospettive differenti. Il ricorso alla libertà umana che, nel teso silenzio delle sue scelte, è capace di seminare violenza, oppressione, devastazione, prevaricazione e lacrime è certamente il primo approccio:

> «la voce del sangue di Abele [...] gli ebrei schiavi in Egitto [...] oppressi dalla tribolazione insidiati dal culto idolatrico di *Baal* [...] Anche nel libro dei Salmi [...] Tutti descrivono la loro condizione dolorosa, implorano l'aiuto e la misericordia di Dio, chiedono la remissione dei peccati, si appellano alla infinita bontà divina»[39].

Spesso, secondo quello che è il principio deuteronomistico, la sofferenza viene presentata come giusta punizione per un male commesso[40]. Talora accostata invece «alla vita e alla situazione concreta del giusto»[41]: il grido di Giobbe, ad esempio, che, attraverso un tragico itinerario di spoliazione e di protesta, si pone come potente sfida

---

[39] G. Costa, *Fondamenti biblici della bioetica*, 120-121.

[40] È il concetto della retribuzione quello secondo cui «Dio paga ciascuno secondo le sue opere [...] pagamento che d'altronde spetta a Dio solo [...] Se l'uomo che compie il suo servizio può fare affidamento sulla sua mercede , colui che rifiuta il compito proposto si vede privato di questa mercede, spogliato infine del diritto di esistere dinanzi a Dio. Quindi, essere retribuito per le proprie opere, significa passare al giudizio di Dio, ricevere ricompensa o castigo secondo ciò che si è fatto: alternativa che significa per l'uomola scelta tra la vita e la morte»: X. Leon-Dufour, *Dizionario di Teologia Biblica*, Marietti, Torino 1978, 1063-1064.

[41] G. Costa, *Fondamenti biblici della bioetica*, 121-122.

a trovare nel dolore la via più pura per scoprire la vera fede. Le pagine di Isaia, cantando al capitolo 53 il Servo di Jahweh, ne sottolineano il carattere redentivo[42]. Il profeta nel dolore dell'innocente vede un seme di fecondità e non di morte.

Diversa è la prospettiva del Nuovo Testamento che, rileggendo in Cristo il problema del dolore e della sofferenza, alla luce della sua vita e missione, pur nella consapevolezza del fatto che non ne proclama la definitiva soppressione, presenta ogni forma di tribolazione per l'uomo come «un *valore*, una beatitudine che coinvolge i credenti che soffrono in Cristo, in vista della gioia e della gloria futura»[43].

L'esperienza dell'Apostolo Paolo testimonia come di fronte alla prova e alla sofferenza egli non perde il coraggio, né si lascia andare ad autocompassione o a sterili lamentazioni. Matura, invece, la coscienza "cristica" della forza potente della debolezza; coscienza che si pone come condizione e meta di ogni discepolo[44] di Gesù, chiamato e mandato per annunciare e testimoniare il Vangelo:

> «In tutto, infatti, siamo tribolati, ma non schiacciati; siamo sconvolti, ma non disperati; perseguitati, ma non abbandonati; colpiti, ma non uccisi, portando sempre e dovunque nel nostro corpo la morte di Gesù, perché anche la vita di Gesù si manifesti nel nostro corpo» (*2 Cor 4,8-10*).

Sviluppiamo solo qualche esempio che nel corso degli studi ha suscitato in noi maggiore interesse.

---

[42] «Dovrà "restaurare le tribù di Giacobbe e ricondurre i superstiti di Israele", rimettere in piedi un popolo sfiduciato in vista di una salvezza, che deve giungere fino alle estremità della terra»: M. CIMOSA, *Gioia, Dolore, Persecuzione nell'Antico Testamento*, in S. A. PANIMOLLE (ed.), *Dizionario di Spiritualità Biblico-Patristica*, "I grandi temi per la S. Scrittura per la «lectio divina»" 26, Borla, Città di Castello 2000, 58-59.

[43] G. COSTA, *Fondamenti biblici della bioetica*, 125.

[44] «Paolo riteneva che la sofferenza fosse il segno più tipico del suo ministero apostolico (Gal 6,17; 1 Cor 2,1-5; 2 Cor 11,23-29; Fil 1,30; 2 Tm 1,11-12; 2,9 ecc.) e che fosse un aspetto della sua vita mortale del quale era soddisfatto, di cui gioiva e del quale poteva "vantarsi" a buon diritto [...] Paolo riteneva che la sua vocazione di apostolo implicasse il fatto che Dio stesso lo conduceva sempre in condizioni di sofferenza [...] si guarda bene dall'insegnare che tutti i credenti sono chiamati a soffrire allo stesso modo in cui egli soffriva come apostolo. Egli ammette invece che tutti i cristiani soffriranno solo per il fatto di doversi identificare con il Cristo»: S. J. HAFEMANN, *Sofferenza*, in G. F. HAWTHORNE – R. P. MARTIN – D. G. REID (edd.), *Dizionario di Paolo e delle sue lettere*, San Paolo, Cinisello Balsamo (Milano) 1999, 1482-1483.

1. Giobbe: il giusto sofferente

Il modo con cui viene presentato il problema del dolore e della morte nel libro di Giobbe permette un approccio al problema superando le facili soluzioni di tipo "retributivo":

> «È una vicenda in sé estremamente semplice e lineare, che narra di un uomo, forte e giusto, che viene all'improvviso colpito da una serie di sventure, a livello individuale paragonabili a eventi catastrofici, che gli perturbano gravemente l'esistenza, sospingendolo quasi verso il suicidio»[45].

Giobbe, colpito senza sapere il perché delle sue sofferenze (cfr. *Gb 1,13-19*), lotta disperatamente[46] per ritrovare il Dio che si nasconde e che egli continua a credere buono. Gli amici, che lo vanno a trovare (cfr. *Gb 2,11-13*), cercano di spiegare il suo dolore, ricorrendo alla tesi tradizionale secondo cui si soffre solo a motivo delle proprie colpe e proporzionalmente ai peccati commessi (cfr. *Gb 4,7; 11,5-17*). Questo loro asserto da una parte ribadisce la giustizia di Dio che premia il giusto e castiga il colpevole, dall'altra, in qualche modo, accusa "il giusto" Giobbe di aver peccato. Tuttavia né gli amici né Giobbe riescono a risolvere il problema del giusto che soffre. La giustizia di Giobbe non consente infatti di interpretare la sua sofferenza come conseguenza del suo agire perverso, e come necessaria punizione e manifestazione del suo peccato[47].

La domanda di Giobbe: se Dio è giusto, perché l'innocente soffre? (cfr. *Gb 10,8-11*) è ancora senza risposta:

---

[45] G. COSTA, *L'icona biblica di Giobbe. Dall'accettazione paziente, attraverso il grido sofferente e inquisitorio, fino all'appassionata e trasfigurante ricerca di Dio*, in "Itinerarium" 15(2007)36, 37.

[46] «Giobbe è anche il simbolo della disputa dell'uomo con Dio [...] è anche l'impaziente, il ribelle, colui che ha osato citare in giudizio niente meno che Dio [...] fronteggia il suo silenzio, per poi tacere, ammutolito, davanti alla sua potenza. Giobbe risulta essere la voce di chi esprime il canto dell'impazienza, il grido di dolore che non accetta semplici risposte sapienziali»: *Ibidem*, 36.

[47] «Il volto di Giobbe ci è tramandato quale emblema del giusto sofferente o piuttosto la sofferenza è solo sfondo dal quale far emergere il volto del credente giusto e radicale?»: G. RAVASI, *Gioia e sofferenza nel libro di Giobbe e nel Salterio*, in S. A. PANIMOLLE (ed.), *Dizionario di Spiritualità Biblico-Patristica*, "I grandi temi per la S. Scrittura per la «lectio divina»" 26, Borla, Città di Castello 2000, 75.

> «perché quel Dio che ha plasmato e modellato con tanta cura il suo corpo e lo ha come intessuto nel grembo della madre ora vuole distruggerlo con la sofferenza, la malattia e la paventata morte?»[48].

Un elemento di soluzione parziale del problema sarà esternato da Eliu che, acceso d'ira per quanto aveva udito fino a quel momento, interviene giudicando erronee le tesi dei tre amici in quanto anche i giusti possono essere afflitti (cfr. *Gb 34,10-28*); e rimproverando Giobbe per aver peccato di presunzione e superbia nell'aver eccessivamente protestato la sua innocenza quasi mettendo sotto accusa la giustizia di Dio (cfr. *Gb 35,2-16*). Egli manifesta quindi il senso delle sofferenze di Giobbe come mezzo di purificazione e strumento per acquistare virtù:

> «Ecco, Dio è grande e non disprezza nessuno, egli è grande per fermezza delle sue decisioni. Non lascia vivere l'iniquo e rende giustizia ai miseri. Non stacca gli occhi dai giusti, li fa sedere sui troni dei re e li esalta per sempre. Se sono avvinti in catene, o sono stretti dai lacci dell'afflizione, Dio mostra loro gli errori e i misfatti che hanno commesso per orgoglio. Apre loro gli orecchi alla correzione e li esorta ad allontanarsi dal male. Se ascoltano e si sottomettono, termineranno i loro giorni nel benessere e i loro anni fra le delizie. Ma se non ascoltano, passeranno attraverso il canale infernale e spireranno senza rendersene conto. I perversi di cuore si abbandonano all'ira, non invocano aiuto, quando Dio li incatena. Si spegne in gioventù la loro vita, la loro esistenza come quella dei prostituti. Ma Dio libera il povero mediante l'afflizione, e con la sofferenza gli apre l'orecchio. Egli trarrà anche te dalle fauci dell'angustia verso un luogo spazioso, non ristretto, e la tua tavola sarà colma di cibi succulenti. Ma se di giudizio iniquo sei pieno, giudizio e condanna ti seguiranno. Fa' che l'ire non ti spinga allo scherno, e che il prezzo eccessivo del riscatto non ti faccia deviare. Varrà forse davanti a lui il tuo grido d'aiuto nell'angustia o tutte le tue risorse di energia? Non desiderare che venga quella notte nella quale i popoli sono sradicati dalla loro sede. Bada di non volgerti all'iniquità, poiché per questo sei stato provato dalla miseria» (*Gb 36,5-21*).

---

[48] G. COSTA, *L'icona biblica di Giobbe*, 38. Cfr. anche G. RAVASI, *Gioia e sofferenza nel libro di Giobbe e nel Salterio*, 81-83.

Una soluzione definitiva al problema arriva soltanto dall'incontro diretto tra l'uomo Giobbe e Dio stesso. Dio, tuttavia, invece di dare risposte, fa delle domande a Giobbe (cfr. *Gb 38-39*), il quale non sa come rispondere (cfr. *Gb 40,4-5*). Mettendolo sotto processo, Dio rivendica, infatti, la sua onnipotenza rispetto alla miseria dell'umanità: di fronte al dolore e al male l'uomo non si può dare alcuna risposta.

A Giobbe non rimane dunque che riconoscere il suo errore, quello cioè di avere preteso spiegazioni da Dio, senza conoscerne realmente la sua essenza[49]. Perciò afferma: «Io ti conoscevo solo per sentito dire, ma ora i miei occhi ti hanno veduto» (*Gb 42, 5*): «professione di fede nel vero Dio che si rivela e non nel falso Dio escogitato dagli schemi umani. Ed è solo in questo Dio che il sofferente trova pace»[50].

Alla fine Dio riedifica le sorti del suo giusto servo, riconoscendone la sofferenza passata:

> «La "giustificazione" divina di Giobbe, dopo la fase tenebrosa della prova, segue i canoni tradizionali delle benedizioni patriarcali [...] La benedizione, col suo apparato di pecore, cammelli, buoi, asine, figli e figlie in doppia misura, di prosperità e di vecchiaia felice, è appunto il riconoscimento ufficiale della giustizia di Giobbe, non offuscata dalla prova»[51].

Giobbe diventa emblema dell'uomo che soffre e che nel dolore struggente della prova si sforza di scoprire il vero volto e la vera parola di Dio[52]. Una sorta di itinerario spirituale, quello della fede pura e vera, riscoperta proprio nel dolore[53].

---

[49] «Giobbe vive lo strazio del suo corpo e la solitudine esistenziale come una continua domanda su Dio. Il libro, infatti, non è un testo etico sul "come soffrire" o sul "perché soffrire", ma è un testo teologico che tenta di parlare del vero Dio contro i fantasmi della "teologia" tradizionale [...] Il dolore, la spogliazione totale, la povertà del soffrire permettono di impostare il discorso sulla gratuità della fede. Il viaggio nell'area oscura del male, la strada "povera" del dolore hanno lo scopo di produrre un'esperienza pura di Dio, proprio attraverso la coscienza del limite e lo scandalo della sofferenza»: G. RAVASI, *Gioia e sofferenza nel libro di Giobbe e nel Salterio*, 83-84.

[50] *Ibidem*, 85.

[51] *Ibidem*, 89.

[52] Cfr. G. COSTA, *L'icona biblica di Giobbe*, 44.

[53] «È un viaggio nuovo quello a cui è chiamato Giobbe: il viaggio della fede, il viaggio verso un'accoglienza pura di Dio, libera da ogni condizionamento riduttivo legato al dolore e alla sofferenza. Un viaggio verso un mistero pienamente trasfigurato»: *Ibidem*, 42.

2. Cristo: uomo dei dolori

Se da una parte abbiamo potuto constatare che l'amore di Dio non ci "esime dalla sofferenza", dall'altra possiamo affermare con convinzione che ci "sostiene nella prova". È in Gesù che «nel suo amore di Padre, il Signore accompagna l'uomo nel cammino della sua esistenza e lo sorregge nella prova»[54]. Nella disperazione e nell'angoscia che l'esperienza del dolore rappresenta per ogni uomo, Dio stesso viene incontro all'umanità dolorante per rinfrancarla e rispondere ai suoi interrogativi: «e la sua sola risposta è nella croce di Cristo, dove ogni sofferenza acquista senso e ogni compassione diviene vera»[55].

Dobbiamo sottolineare due aspetti della vita terrena di Gesù: la sua attenzione all'uomo che è nel dolore[56]; e successivamente il fatto che tutta la sua vicenda umana è segnata anche dalla sofferenza[57], indice significativo della sua chiara vicinanza con questa dimensione della condizione umana. Egli soffre con l'uomo per comunicargli il valore immenso della sofferenza offerta per amore.

Il primo elemento, l'attenzione alla sofferenza dell'uomo, è reso esplicito in tutta la sua missione, nella quale manifesta piena apertura verso i malati, da lui accolti e guariti: «percorreva tutte le città e i villaggi, insegnando nelle loro sinagoghe, annunciando il vangelo del Regno e guarendo ogni malattia e ogni infermità» (*Mt 9,35*). Incontrandoli là dove si trovavano, nella loro vita provata e dolorosa, Gesù apre agli uomini la via della salvezza, ribadendo ancora una volta che il dolore e la sofferenza, lungi dall'essere considerati espressione del peccato, vanno guardati come rivelazione del divino: «Né lui ha peccato né i suoi genitori, ma è

---

[54] N. CONTE, *La prospettiva teologico-liturgica della malattia e della sofferenza umana*, 54.

[55] B. RINAUDO, *Il Dio Trinità e la sofferenza d'amore*, "I Quaderni del Seminario" 4, L'Ascesa, Patti 2008, 43.

[56] «La partecipazione piena alla condizione umana ha fatto del Cristo il Samaritano per eccellenza. In questo titolo è riassunta tutta l'opera svolta da Gesù in favore dei malati»: A. BRUSCO – S. PINTOR, *Sulle orme di Cristo medico. Manuale di teologia pastorale sanitaria*, EDB, Bologna 1999, 17. Cfr. CONFERENZA EPISCOPALE ITALIANA, *Evangelizzazione e sacramenti della penitenza e dell'unzione degli infermi*, 1506.

[57] «La sofferenza di Cristo possiede una forza di guarigione e di salvezza perché è segno di quel *movimento* misterioso che ha portato il Figlio di Dio a condividere la condizione umana in tutti i suoi aspetti, anche nella *dimensione notturna*, fatta di patimenti fisici e spirituali. Un *movimento* in cui il soffrire è espressione di amore»: A. BRUSCO – S. PINTOR, *Sulle orme di Cristo medico. Manuale di teologia pastorale sanitaria*, 16.

perché in lui siano manifestate le opere di Dio» (*Gv 9,3*).

Qualche parola in più, invece, merita di essere spesa per il secondo elemento: la sua solidarietà[58] con l'uomo sofferente:

> «In questo senso la sofferenza farà capire meglio in che cosa consiste l'onnipotenza di Dio: quella dell'amore, una potenza che rende capace Dio di abbassarsi fino all'ultima profondità della sofferenza»[59].

Parliamo di una solidarietà piena, totale, dato che, come scrive l'autore della lettera agli Ebrei: «egli stesso è stato messo alla prova in ogni cosa come noi, escluso il peccato» (*Eb 4,15*), meritando di essere «coronato di gloria e di onore» (*Eb 2,9*). Questa sua sofferenza, unita alla morte di croce, è divenuta motivo universale di salvezza. Il Dio sofferente per amore[60] è il Dio che dà senso alla sofferenza del mondo, in quanto l'ha fatta propria e redenta:

> «il Padre oltre a permettere il dolore, lo sceglie per il suo disegno di salvezza. La sofferenza non scaturisce dalla sua collera, ma dal suo amore nei confronti dell'umanità, cosicché tutte le angosce e le sofferenze umane possono essere considerate, nella prospettiva del piano redentore, come dono divino»[61].

Un Dio che sceglie di salvare gli uomini sacrificando il suo Figlio sulla croce è il linguaggio più bello per esprimere la sua "compassione" per l'uomo: Dio soffre con

---

[58] «È la solidarietà il principio per interpretare la passione e morte di Gesù "per noi". In questa ottica, il Servo di JHWH viene visto come la vittima innocente del sacrificio di espiazione per i peccati dell'umanità, ma non in quanto si immola "al nostro posto" [...] Non "riscatto al posto dei molti", ma "riscatto a favore dei molti" [...] La verità di questa ipotesi risiede nella partecipazione di Cristo alla natura umana, mediante la quale di fatto è solidale col destino dell'umanità intera. Questa solidarietà ha reso possibile il suo unico sacrificio di redenzione dei peccati e l'adempimento del suo compito sacerdotale»: A. AMATO, *Gesù è il Signore. Saggio di cristologia*, "Corso di teologia sistematica" 4, Edizioni Dehoniane Bologna, Bologna 1999, 527-528.

[59] B. RINAUDO, *Il Dio Trinità e la sofferenza d'amore*, 12.

[60] «La croce di Gesù non è uno strumento di castigo divino, ma una altare di propiziazione e di perdono. Non è l'ira punitiva di Dio che si manifesta nella desolata morte in croce di Gesù, ma la sua carità senza limiti, che perdona e riconcilia a sé tutto il mondo»: A. AMATO, *Gesù è il Signore*, 520.

[61] B. RINAUDO, *Il Dio Trinità e la sofferenza d'amore*, 45.

e per gli uomini[62].

3. L'esperienza della "croce" in Paolo

A quanti in questa vita non riescono a trovare una ragione della sofferenza che li minaccia le lettere di Paolo possono essere un valido aiuto per ricercarne il senso. Esse, infatti, possono suggerirci «qualcosa sul modo in cui egli ha tentato di capirne il significato»[63].

Da quanto emerge dai suoi stessi scritti possiamo constatare la molteplice natura delle prove a cui fu soggetto Paolo: fame, sete, nudità, persecuzione, calunnia, tribolazioni, percosse, prigionia, tumulti, fatica… (cfr. *1 Cor 4,8-13; 2 Cor 4,7-12; 6,3-10*). Leggiamo nella seconda lettera ai Corinzi:

> «Sono ministri di Cristo? Sto per dire una pazzia, io lo sono più di loro: molto di più nelle fatiche, molto di più nelle prigionie, infinitamente di più nelle percosse, spesso in pericolo di morte. Cinque volte dai Giudei ho ricevuto i quaranta colpi meno uno; tre volte sono stato battuto con le verghe, una volta sono stato lapidato, tre volte ho fatto naufragio, ho trascorso un giorno e una notte in balìa delle onde. Viaggi innumerevoli, pericoli di fiumi, pericoli di briganti, pericoli dai miei connazionali, pericoli dai pagani, pericoli nella città, pericoli nel deserto, pericoli sul mare, pericoli da parte di falsi fratelli; disagi e fatiche, veglie senza numero, fame e sete, frequenti digiuni, freddo e nudità. Oltre a tutto questo, il mio assillo quotidiano, la preoccupazione per tutte le Chiese. Chi è debole, che anch'io non lo sia? Chi riceve scandalo, che io non ne frema? » (*2 Cor 11,23-29*).

Anche questo elenco non risparmia di enumerare le vicissitudini dell'Apostolo. Non possiamo però far passare inosservato il fatto che la pericope si concluda con un «aneddoto conclusivo (vv. 32 s.), posto sotto il segno della debolezza (v. 30) e

---

[62] «L'evento della croce ci svela la Passione di Dio per l'uomo e la qualità del suo "essere per"»: *Ibidem*, 6.

[63] C. G. KRUSE, *Afflizioni, prove, difficoltà/tribolazione*, in G. F. HAWTHORNE – R. P. MARTIN – D. G. REID (edd.), *Dizionario di Paolo e delle sue lettere*, 31.

confermato da un giuramento solenne (tutto il v. 31)»[64]: «Se è necessario vantarsi, mi vanterò della mia debolezza» (*2 Cor 11,30*). Lungi dal leggere questa affermazione come una superba esaltazione di se stesso, comprendiamo l'enunciato nella certezza di Paolo che «come abbondano le sofferenze di Cristo in noi, così, per mezzo di Cristo, abbonda anche la nostra consolazione» (2 Cor 1,5). È Cristo a dare un senso alle sue sofferenze. Se uniti a Lui, il dolore, seppur disumano, subisce un cambiamento di prospettiva.

Al conforto derivante dalla comunione con Cristo si aggiungono altre due ragioni a dare un senso diverso alla tribolazione. Anzitutto la piena consapevolezza di Paolo che la sofferenza del cristiano è associata a quella redentrice del Cristo: «Ora io sono lieto nelle sofferenze che sopporto per voi e do compimento a ciò che, dei patimenti di Cristo, manca nella mia carne, a favore del suo corpo che è la Chiesa» (Col 1,24). Come il Cristo sofferente ha espresso mirabilmente tutta la sua solidarietà con gli uomini, così ogni uomo provato nel corpo e nello spirito è chiamato a vivere il suo dolore in comunione con la Chiesa. Mi piace inoltre sollevare all'attenzione del lettore la puntualizzazione che Romano Penna offre dell'espressione dell'Apostolo:

> «Il testo – fa riferimento alla traduzione letterale dal greco – infatti non dice che io completo nella mia vita quello che manca alla passione di Cristo, ma dice che io completo ciò che manca alla passione di Cristo nella mia vita; cioè: il completamento "nella mia carne" va unito non al verbo "completare" ma al costrutto "ciò che manca alle sofferenze di Cristo". La prospettiva cambia enormemente. Una versione errata del testo suggerisce che i patimenti del Cristo siano incompleti e insufficienti al fine della salvezza della chiesa, corpo di cristo, e che perciò l'impegno dei cristiani può e deve colmare le lacune purtroppo lasciate dalla sua passione [...] il concetto di manchevolezza non riguarda affatto le sofferenze di Cristo, ma riguarda soltanto la nostra partecipazione ad esse. È "nella mia carne", cioè nella nostra vita, che manca ancora sempre qualcosa per dedicarci alla chiesa in corrispondenza a quanto ha fatto il cristo, che l'ha amata e ha dato totalmente se stesso per lei al fine di renderla bella, senza macchia né ruga (cf. Ef 5,25-27)»[65].

---

[64] J. S. BOSCH, *Scritti paolini*, "Introduzione allo studio della Bibbia" 7, Paideia Editrice, Brescia 2001, 200.

[65] R. PENNA, *La sapienza della croce in Paolo*, in *Parola, Spirito e Vita*, 2(2003)48, 151.

La seconda ragione per cui, al dire di Paolo, il dolore non conduce alla disperazione, ma alla speranza, la riscontriamo nella lettera ai Romani: «Ritengo infatti che le sofferenze del tempo presente non siano paragonabili alla gloria futura che sarà rivelata in noi» (*Rm 8,18*). L'Apostolo afferma con chiarezza, senza esitazione, che per colui che crede in Cristo la certezza della gloria futura persiste e non è minacciata per nessuna ragione[66]. Questa asserto è da Paolo giustificato nei versetti seguenti attraverso tre prove: i gemiti del creato (cfr. *Rm 8,19-22*), i gemiti dei credenti in quanto credenti (cfr. *Rm 8,23-25*) e i gemiti dello Spirito (cfr. *Rm 8,26-27*). In conclusione, non si dà certo alcuna spiegazione della sofferenza, che rimane un mistero; tuttavia, si ribadisce con convinzione che essa non è espressione del fatto che la relazione con Dio è compromessa (cfr. *Rm 8,28.31-35.37*). L'uditorio è invitato a non arrendersi di fronte al mistero della prova, quanto piuttosto a cercare, unito a Dio, che "geme" con lui, la via più giusta perché diventi *locus victoriae* e poter gridare insieme all'Apostolo: «quando sono debole, è allora che sono forte» (*2 Cor 12,10*).

Un ultimo parola va spesa a proposito della "spina nella carne" (cfr. *2 Cor 12,7*). Diverse sono state negli anni le interpretazioni[67] che sono state date a questa "spina". Rimane pur sempre il fatto che si tratta di un problema stabile, permesso da Dio. Per Paolo essa diventa luogo privilegiato per incontrare il suo Signore (cfr. *2 Cor 12,9*). Ecco spiegata allora la sua compiacenza, che risiede proprio nel "soffrire per Cristo" (cfr. *2 Cor 12,10*).

[66] Cfr. J. S. BOSCH, *Scritti paolini*, 252.

[67] Cfr. G. H. TWELFTREE, *Guarigione, malattia*, in G. F. HAWTHORNE – R. P. MARTIN – D. G. REID (edd.), *Dizionario di Paolo e delle sue lettere*, 829-830.

Capitolo terzo

LA VOCAZIONE ESCATOLOGICA DELLA CHIESA

L'uomo può vivere positivamente il dolore e la sofferenza nella misura in cui li considererà non come "un punto di approdo", l'ultima fase della propria esistenza terrena, quanto piuttosto "un mezzo" verso una dimensione più grande[68]. Si apre così uno scenario nuovo verso la «vita perfetta [...] chiamata "il cielo" [...] lo stato di felicità suprema e definitiva»[69]. Conscia di ciò e della provvisorietà di questo mondo, la Chiesa vive la sua vocazione e missione orientata al raggiungimento di questa gloria[70]:

> «Ogni uomo, che anela a una condizione pienamente libera del suo essere, dove i limiti creaturali saranno definitivamente superati e le contraddizioni assolutamente risolte, avverte chiaramente la provvisorietà della sua esistenza ed è, per questo, proteso verso un futuro compimento, che significherà per lui felicità e pienezza di vita»[71].

È quanto affermava l'Apostolo al capitolo 8 della Lettera ai Romani. In questa pericope (*Rm 8,18-30*), così come in altri contesti (cfr. *2 Cor 5,1-8*) Paolo accosta i due aspetti dell'esistenza cristiana, quella terrena e quella celeste, mettendone in

[68] «Il presente, anche un presente faticoso, può essere vissuto ed accettato se conduce verso una meta e se di questa meta noi possiamo essere sicuri, se questa meta è così grande da giustificare il cammino»: BENEDETTO XVI, *Spe salvi*, Lettera enciclica ai vescovi ai presbiteri e ai diaconi alle persone consacrate e a tutti i fedeli laici sulla speranza cristiana, Libreria Editrice Vaticana, Città del Vaticano 2007, 1.

[69] *Catechismo della Chiesa Cattolica*, Libreria Editrice Vaticana, Città del Vaticano 1992, 1024.

[70] «Passa certamente l'aspetto di questo mondo, deformato dal peccato (16). Sappiamo, però, dalla rivelazione, che Dio prepara una nuova abitazione e una terra nuova, in cui abita la giustizia (17), e la cui felicità sazierà sovrabbondantemente tutti i desideri di pace che salgono nel cuore degli uomini (18). Allora, vinta la morte, i figli di Dio saranno risuscitati in Cristo, è ciò che fu seminato nella debolezza e nella corruzione rivestirà l'incorruzione (19)»: CONCILIO VATICANO II, *Gaudium et spes*, 1439.

[71] G. ANCONA, *Escatologia cristiana*, "Nuovo corso di teologia sistematica" 13, Queriniana, Brescia 2007, 305.

evidenza rispettivamente il carattere passeggero e incompleto per l'una e definitivo e completo per l'altro[72]. Così si esprime Cirillo di Alessandria commentando il testo dell'Apostolo:

> «Il bene non si compie senza grande fatica, tuttavia la fatica dei santi si nutre di grandi speranze [...] Chi disprezza i beni terreni, è degno dei doni celesti; e chi ha penato prima con coraggio e costanza, riceverà poi premi incommensurabilmente superiori [...] Parla di gloria dei santi, perché *i giusti splenderanno come il sole* nei secoli, avendo conseguito onore e gloria e incorruttibilità, quando il loro corpo cambierà così come si trasfigurò Cristo sul monte»[73]

In questa tensione escatologica è lo Spirito Santo a muovere il battezzato verso il raggiungimento della gloria celeste, senza però mai mortificare la vita presente[74]. Il cristiano, infatti, per il fatto stesso di essere stato nel Battesimo innestato in Cristo, vive la novità dell'oggi, ma orientato verso la pienezza dei tempi futuri, in cui ogni limite sarà colmato e il peccato e la morte sconfitti per sempre[75].

Rimane pur vero che benché si guardi al compimento della Salvezza oltre la storia, tuttavia senza prescindere dalla storia e sempre attraverso di essa[76]. La "vita eterna", promessa da Gesù (cfr. *Gv 3,16-18.5,24*), la si comincia a riconoscere e a

---

[72] Cfr. *Ibidem*, 105.

[73] A. QUACQUARELLI (ed.), *Cirillo di Alessandria. Commento alla lettera ai Romani*, (trad. it. V. Ugenti), "Collana di testi patristici" 95, Città Nuova Editrice, Roma 1991, 89. Cfr. PG 74, 821-822.

[74] «La promessa di restaurazione che aspettiamo, è già incominciata in Cristo, è portata innanzi nella missione dello Spirito santo e per mezzo di lui continua nella chiesa, nella quale siamo dalla fede istruiti anche sul senso della nostra vita temporale, mentre portiamo a termine, con la speranza dei beni futuri, l'opera a noi affidata nel mondo dal Padre, e diamo compimento alla nostra salvezza»: CONCILIO VATICANO II, *Lumen gentium*. Costituzione dogmatica su la Chiesa, 21 novembre 1964, in EV 1, 416.

[75] Cfr. G. ANCONA, *Escatologia cristiana*, 118-119.

[76] «Anche nel vangelo di Giovanni, l'esistenza presente di colui che ha la fede è caratterizzata escatologicamente come vita eterna, come vita rinnovata in profondità dall'opera del Risorto (cfr. *Gv* 3,36; 5,24). Secondo il quarto vangelo, la vita eterna promessa non è una realtà puntualmente finale, che produce astrazione dalla storia e dal mondo [...] La vita eterna è, invece, quanto già nel presente il credente vive per Cristo e nello Spirito. Nell'ascolto della Parola e nell'incontro sacramentale con il Risorto, il credente sperimenta il dono della vita eterna, anche se sotto i segni della croce»: *Ibidem*, 297.

costruire già dentro la fragilità e la precarietà della nostra esistenza:

> «Il senso di tale esperienza riesce comprensibile soprattutto quando il cristiano è costretto a lottare contro le ingiustizie individuali e collettive, quando viene a trovarsi di fronte alla minaccia e alle ostilità [...] La consapevolezza di ciò è causa di fiducia e di speranza nella vittoria su ogni forma di ostilità, che rende molto problematica l'esistenza cristiana»[77].

Quando la salute viene meno il cristiano è chiamato a vivere l'esperienza della sofferenza e della malattia non come un disagio, ma come la possibilità che gli viene offerta per partecipare alla croce di Gesù[78]. Esperienza che permette di vivere in modo nuovo la relazione di salvezza tra Dio e l'uomo nella dinamica della purificazione[79]. È il cammino della salvezza che avanza anche là dove la salute manca:

> «Mossa dallo Spirito, la chiesa è in cammino verso il compimento del Regno di Dio [...] Nella fede in Cristo crocifisso e risorto, la chiesa avverte il peso di dover superare molteplici ostacoli che spesso rallentano il suo cammino verso la patria. In tal senso, essa accoglie, nella logica della croce di Cristo, la permanente possibilità delle sofferenze e soprattutto delle persecuzioni [...] si rendono evidenti i drammi dovuti all'esperienza della morte, della tentazione nella fede e della debolezza della condizione umana [...] La pienezza della santità, la perfezione, si spera per il futuro, quando il Risorto sprigionerà compiutamente la potenza gloriosa della vita eterna»[80].

---

[77] *Ibidem*, 298.

[78] «La croce di Cristo getta in modo tanto penetrante la luce salvifica sulla vita dell'uomo e, in particolare, sulla sua sofferenza, perché mediante la fede lo raggiunge *insieme con la risurrezione*: il mistero della passione è racchiuso nel mistero pasquale»: GIOVANNI PAOLO II, *Salvifici Doloris*, 656.

[79] «L'esperienza del soffrire, come partecipazione alla croce di Gesù, manifesta come già oggi nell'esistenza cristiana personale si sperimenti la purificazione. Qui la sofferenza non va intesa come esito inevitabile del limite creaturale, che appartiene ad ogni uomo. La sofferenza che purifica è da comprendere nel contesto delle relazioni salvifiche che intercorrono tra Dio e l'uomo»: G. ANCONA, *Escatologia cristiana*, 295.

[80] *Ibidem*, 300-301.

Il partecipare alla Risurrezione di Cristo, «contenuto proprio e centrale della speranza cristiana»[81], completerà il rinnovamento di vita iniziato per ogni cristiano nel giorno del Battesimo. In quel giorno ciascuno godrà della sua piena identità trasfigurata in Cristo[82].

---

[81] *Ibidem*, 353.

[82] «La risurrezione dei cristiani, infatti, in quanto partecipazione a quella di Cristo, è un evento che interessa la totalità dell'umano [...] è l'evento che compie l'uomo nella sua unità sostanziale di corpo e anima che lo identifica personalmente [...] compimento dell'identità umana nella totalità delle sue espressioni spirituali e corporee [...] Tutti i momenti storici di un uomo che hanno segnato il suo procedere verso la pienezza vengono ora trasfigurati, unificati, in Dio, il quale è fedele alla sua creazione e nulla vuole perdere di quanto è uscito dalle sue mani»: *Ibidem*, 353-354. Cfr. CONFERENZA EPISCOPALE ITALIANA, *Evangelizzazione e sacramenti della penitenza e dell'unzione degli infermi*, 1498.

Capitolo quarto

LA PASTORALE DELLA SALUTE

Consapevoli del dolore che attanaglia l'uomo, presa visione del valore della sofferenza nella Sacra Scrittura e animati dalla speranza della Salvezza prossima a rivelarsi, passiamo a considerare l'impegno della Chiesa nell'accompagnamento degli infermi.

Essa, ponendosi in continuità con l'attenzione di Gesù per quanti vigevano in stato di bisogno,

> «rende presente la speranza, dono della Pasqua di Cristo, attraverso l'annuncio della parola, la celebrazione dei sacramenti e la preghiera, i segni della comunione fraterna e del servizio amorevole e competente verso quanti soffrono»[83].

Nel corso dei secoli la Chiesa nel vivere la sua missione non ha mai dimenticato l'attenzione ai malati e ai sofferenti, non soltanto incoraggiando i cristiani a mettersi al servizio dei fratelli provati nel corpo e nello spirito[84], ma perfino dando vita a diverse istituzioni religiose con lo specifico dell'assistenza agli infermi[85].

Enumeriamo alcuni orientamenti significativi ai fini di una più utile azione pastorale.

Cosciente dell'attenzione che Cristo ha avuto nei confronti della vita, desiderata per tutti in pienezza (Cfr. *Gv 10,10*), la comunità cristiana è chiamata a

---

[83] COMMISSIONE EPISCOPALE PER IL SERVIZIO DELLA CARITÀ E LA SALUTE, *"Predicate il Vangelo e curate i malati"*, 21.

[84] «Appare costante, nella storia della comunità ecclesiale, la presenza di un'azione educatrice a quella carità che trovava una sua chiara esplicitazione nella *lavanda dei piedi* e un modello da imitare, il Cristo *buon samaritano*»: A. BRUSCO – S. PINTOR, *Sulle orme di Cristo medico. Manuale di teologia pastorale sanitaria*, 19.

[85] Cfr. GIOVANNI PAOLO II, *Dolentium hominum.* Motu proprio, Roma, 11 febbraio 1985, in EV 9, 1410.

dare impulso anzitutto ad un'azione preventiva

> «aiutando i giovani a un sano sviluppo umano e spirituale, accompagnando gli adulti nel superare con equilibrio le crisi della loro età, offrendo agli anziani risorse che li aiutino a vivere serenamente la vecchiaia»[86].

Sente dunque il bisogno di promuovere la persona del malato, riconoscendone il suo proprio carisma; infatti,

> «Il peso, che affatica le membra del corpo e scuote la serenità dell'anima, lungi dal distoglierli dal lavorare nella vigna, li chiama a vivere la loro vocazione umana e cristiana ed a partecipare alla crescita del Regno di Dio *in modalità nuove, anche più preziose* [...] molti malati possono diventare portatori della «gioia dello Spirito Santo in molte tribolazioni» (1 *Tess* 1, 6) ed essere testimoni della Risurrezione di Gesù. Come ha espresso un handicappato nel suo intervento in aula sinodale, «è di grande importanza porre in luce il fatto che i cristiani che vivono in situazioni di malattia, di dolore e di vecchiaia, non sono invitati da Dio soltanto ad unire il proprio dolore con la Passione di Cristo, ma anche ad accogliere già ora in se stessi e a trasmettere agli altri la forza del rinnovamento e la gioia di Cristo risuscitato»[87].

Tale consapevolezza implica l'attivazione di un processo educativo che miri al riconoscimento del diritto di chi soffre e ad un loro coinvolgimento in quelle che sono le cure e le terapie loro prestate[88].

La presenza della comunità cristiana al cospetto del malato diventa allora espressione di una Chiesa aperta all'accoglienza e alla partecipazione della sua debolezza. Tale premura è resa meglio visibile attraverso «una comunicazione sincera, la proposta della parola di Dio, la preghiera, la grazia dei sacramenti, l'aiuto

---

[86] COMMISSIONE EPISCOPALE PER IL SERVIZIO DELLA CARITÀ E LA SALUTE, *"Predicate il Vangelo e curate i malati"*, 51.

[87] GIOVANNI PAOLO II, *Christifideles Laici*, Esortazione apostolica post-sinodale, 30 dicembre 1988, in EV 11, 1842.

[88] Cfr. COMMISSIONE EPISCOPALE PER IL SERVIZIO DELLA CARITÀ E LA SALUTE, *"Predicate il Vangelo e curate i malati"*, 52; G. RUSSO, *Bioetica. Manuale per teologi*, 239-244.

materiale»[89]. Particolarmente significativa, quando lo stato di salute dei fratelli si mostri particolarmente compromesso[90], è la celebrazione del sacramento dell'Unzione degli infermi.

1. L'unzione degli infermi

Già l'attività degli apostoli comprendeva l'unzione dei malati, attestata fin dalle origini della comunità cristiana quale intervento medicinale oltre che atto religioso:

> «Chi è malato, chiami presso di sé i presbiteri della Chiesa ed essi preghino su di lui, ungendolo con olio nel nome del Signore. E la preghiera fatta con fede salverà il malato: il Signore lo solleverà e, se ha commesso peccati, gli saranno perdonati» (*Gc 5,14-15*)[91].

Dal testo si evince una duplice azione dei presbiteri sul sofferente: la preghiera e l'unzione con olio. Pregare per il malato è già una consuetudine ben radicata presso il popolo ebraico e raccomandato dallo stesso Gesù che assicura la sua stessa presenza nella persona di chi soffre (cfr. *Mt 25,36*). Dall'esame del testo greco è possibile inoltre dedurre anche il gesto epicletico che accompagnava la preghiera[92].

---

[89] COMMISSIONE EPISCOPALE PER IL SERVIZIO DELLA CARITÀ E LA SALUTE, *"Predicate il Vangelo e curate i malati"*, 53.

[90] Cfr. CONFERENZA EPISCOPALE ITALIANA, *Evangelizzazione e sacramenti della penitenza e dell'unzione degli infermi*, 1511.

[91] «Si tratta di un rito istituzionalizzato [...] L'efficacia è collegata alla preghiera della fede nel Signore glorioso. Gli effetti sono indicati dai verbi "salvare" e "sollevare", che, se riguardano tutto l'uomo, non escludono la guarigione corporale, ma non si limitano solo ad essa, e non la esigono necessariamente»: A. NOCENT – I. SCICOLONE – F. BROVELLI – A. J. CHUPUNGCO, *La liturgia, i sacramenti: teologia e storia della celebrazione*, "Anàmnesis" 3/1, Marietti, Genova 1986, 215.

[92] «Gli anziani intercedono per l'ammalato pregando *su* di lui, *ep' a÷tòn*. La preposizione *æpì*, che per sé indica la direzione verso cui deve essere orientata la preghiera dei ministri, lascia supporre anche che la preghiera fosse accompagnata dal gesto epicletico dell'imposizione delle mani. Infatti, anche se il testo di Giacomo non lo dice espressamente, nel Nuovo Testamento, tuttavia, il gesto dell'imposizione delle mani non è assente nel contesto delle guarigioni. Nel Vangelo di *Marco* anzi è espressamente richiamato da Gesù stesso quando, partecipando agli apostoli la sua stessa missione, afferma che i discepoli che crederanno in lui: "Imporranno le mani ai malati e questi guariranno" (16,18b). Forte della parola del Signore, Paolo guarisce il padre di Publio dalla febbre e

Non è da trascurare inoltre il fatto che si espliciti chiaramente che si sta parlando di "preghiera fatta con fede":

> «è la vera medicina e il rimedio efficace, che la Chiesa somministra al malato perché ne ottenga sollievo. Il risultato positivo dell'unzione è da attribuirsi, quindi, non alla capacità terapeutica dell'olio quanto piuttosto alla preghiera fiduciosa della Chiesa, che agisce sacramentalmente attraverso l'opera dei suoi ministri»[93].

L'unzione con olio, invece, segno della divina provvidenza ed insieme elemento terapeutico per lenire la sofferenza[94], accompagna la preghiera

> «per significare la cura spirituale dell'uomo [...] Il suo intervento è per la salvezza e il ristabilimento pieno del malato, che implica anche l'aspetto fisico anche se lo trascende»[95].

Un'ultima considerazione va fatta a proposito degli effetti che la preghiera fatta con fede, accompagnata dall'unzione, genera nel malato[96]. Distinguiamo un effetto proprio, espresso dai verbi "salvare" e "rialzare"; e un effetto secondario reso dal verbo "perdonare":

> «Il verbo salvare è molto più esteso e più profondo che il verbo guarire. Salvare indica una liberazione dalla morte anzi raggiungere una pienezza di vita [...] ha una prospettiva spirituale ed escatologica. Nel nostro testo, però, può avere un significato di guarigione, trattandosi di un malato. Ma non è detto che la "salvezza" coincida sempre con la guarigione corporale. Può salvarsi anche un malato, che resta tale, se viene aiutato nella sua

---

dalla dissenteria mediante la preghiera e l'imposizione delle mani[92]. Interpretando l'*ep' a÷tòn* del testo di Giacomo in senso epicletico, Origene in luogo di "orent super eum" ha "imponant ei manus"»: N. CONTE, *La preghiera della fede e l'olio della consolazione. Il sacramento dell'unzione e la cura pastorale degli infermi*, 56.

[93] *Ibidem*, 57.

[94] Cfr. *Ibidem*, 58-59.

[95] *Ibidem*, 60.

[96] Cfr. CONFERENZA EPISCOPALE ITALIANA, *Evangelizzazione e sacramenti della penitenza e dell'unzione degli infermi*, 1518 e 1522.

debolezza [...] Questo stesso significato può avere l'espressione parallela *il Signore lo rialzerà* [...] la "salvezza" comporta anche, nell'eventualità del peccato, che questo venga rimesso»[97].

L'attuale rito dell'Unzione degli infermi, sottolineando che esso non è il sacramento di chi sta per morire, ma di colui che è privo di forze, e quindi debilitato anche nello spirito, a motivo della malattia o della vecchiaia[98], valorizza le considerazioni fatte. Dopo i riti iniziali[99], i riti dell'unzione prevedono, infatti, una preghiera litanica, l'imposizione delle mani, fatta in silenzio da tutti i ministri presenti al rito, il rendimento di grazie sull'olio già benedetto o la benedizione dell'olio, quindi la sacra unzione, accompagnata dalla formula:

> «Per questa santa Unzione e la tua piissima misericordia/ ti aiuti il Signore con la grazia dello Spirito Santo - segue "l'Amen" -/ E, liberandoti dai peccati,/ ti salvi e nella sua bontà ti sollevi - di nuovo "l'Amen" -»[100].

In essa è possibile scorgere l'effetto del sacramento, ossia la grazia sacramentale, nella duplice specificazione "ti salvi" e "ti sollevi" con chiarissimo riferimento al testo dell'apostolo Giacomo. Segue una preghiera diversa a seconda del caso che si ha dinanzi. Quindi i riti di conclusione con la preghiera del Padre nostro e la benedizione.

---

[97] A. NOCENT – I. SCICOLONE – F. BROVELLI – A. J. CHUPUNGCO, *La liturgia, i sacramenti: teologia e storia della celebrazione*, 214-215.

[98] Cfr. PAOLO VI, *Il sacramento dell'unzione degli infermi*, Roma, 30 novembre 1972, in EV 4, 1842.

[99] «I riti iniziali comprendono un saluto del sacerdote; l'aspersione con l'acqua benedetta secondo l'opportunità; una monizione intesa a spiegare il significato del sacramento; l'atto penitenziale; e la lettura della parola di Dio»: G. GOZZELINO, *Unzione degli infermi*, in AA. VV., *Dizionario teologico interdisciplinare 3*, Marietti, Torino 1977, 504.

[100] *Rituale romano. Sacramento dell'Unzione e cura pastorale degli infermi*, Libreria Editrice Vaticana, Città del Vaticano 1974, 60.

2. Il viatico

Un'ultima considerazione ci sia concessa fare a proposito del viatico. Il Rituale *Sacramento dell'unzione e cura pastorale degli infermi* include anche questo rito, che presenta come sacramento "ultimo" e da ricevere obbligatoriamente in stato di piena coscienza[101]. Esso, si raccomanda, è bene che si riceva durante la celebrazione Eucaristica per dare la possibilità al malato di comunicarsi sotto le due specie:

> «è infatti un segno speciale della partecipazione al mistero celebrato nel sacrificio della Messa, il mistero della morte del Signore e del suo passaggio al Padre»[102].

A tal proposito ricordiamo quanto già scriveva sant'Agostino presentando la Messa come «l'offerta di se stessi nell'offerta di Cristo»[103]:

> «Vero sacrificio è ogni opera con cui ci si impegna ad unirci in santa comunione a Dio, in modo che sia riferita al bene ultimo per cui possiamo essere veramente felici [...]. L'uomo stesso, consacrato al nome di Dio e lui promesso, in quanto muore al mondo per vivere a Dio è un sacrificio [...]. E questo sacrificio siamo noi stessi [...]. Questo è il sacrificio dei cristiani: molti e un solo corpo in Cristo (14). La Chiesa celebra questo mistero col sacramento dell'altare, noto ai fedeli, perché in esso le si rivela che nelle cose che offre essa stessa è offerta »[104].

L'Eucaristia è il vero sacrificio, in quanto contiene la passione stessa di Cristo. Essa implica inoltre la compresenza della Chiesa (Cfr. *1 Pt 2,4-5.9-10; Rm 12,1*).

---

101 Cfr. *Ibidem*, 27.

102 *Ibidem*, 26-27.

103 N. CONTE, *Il pane della vita e il calice della salvezza. Teologia e pastorale dell'Eucaristia*, "Manuali di Panteno – Teologia" 2, Coop.S.Tom. – Elle Di Ci, Messina 2006, 120.

104 A. TRAPÈ (ed.), *Opere di S. Agostino. La città di Dio*, "Nuova Biblioteca Agostiniana" V/1, Città Nuova Editrice, Roma 1978, 694-695. Cfr. PL 41, 283.

Se, infatti, la comunità cristiana non può fare a meno di partecipare a questo sacramento che per lei diventa “sosta che rinfranca” nel pellegrinaggio terreno[105], tanto più è opportuno che a questo mistero si uniscano quanti soffrono nel corpo e nello spirito.

105 «L’eucaristia nutre, così, la chiesa lungo il suo pellegrinaggio terreno, lo sostenta soprattutto nella fatica del cammino e la consola nelle tribolazioni; essa dona al popolo pellegrino, che sosta come assemblea radunata nel nome del Padre, del Figlio e dello Spirito, la consapevolezza certa che il Signore gli è compagno di viaggio»: G. ANCONA, *Escatologia cristiana*, 302-303.

CONCLUSIONE

Senza alcuna pretesa di completezza, abbiamo avuto modo di tracciare alcune linee di riflessione sul problema del dolore e della sofferenza a partire da un approccio cristiano. Ciò che ci si riproponeva dall'inizio, ossia mettere in luce la motivazione teologica più profonda che deve animare ogni cristiano nel giusto rapporto con la malattia, ci ha permesso di conoscere più a fondo i documenti magisteriali redatti in sintonia ai lavori conciliari per un'azione ecclesiale più prossima all'uomo.

Abbiamo iniziato considerando la vita umana a partire dalla sua inviolabilità. Se tanto oggi si tende a nascondere, allontanare o porre fine alla sofferenza che incombe sulla vita dell'uomo, è propriamente per il fatto che si è perso di vista il valore inconfutabile dell'esistenza e della dignità della persona umana. La vita dell'uomo, infatti, partecipa alla vita stessa di Dio e come tale non gli appartiene; non può diventare un oggetto di cui disporre liberamente per il semplice fatto che talora può ritrovarsi a vivere una condizione che cozza con la logica efficientista della società. La risposta a chi vive una situazione di prova fisica non può essere quella di ricorrere all'eutanasia, che rimane pur sempre un grave crimine e una falsa soluzione al problema; quanto piuttosto quella di una testimonianza autentica dell'amore di Dio per ogni uomo che trova nella croce la sua manifestazione più alta.

A questo punto siamo passati a prendere in esame la risposta che in tal senso offre la Sacra Scrittura. Coscienti della ricchezza e della copiosità di materiale, abbiamo scelto alcune icone che nel corso degli studi teologici, a nostro avviso, hanno contribuito a fare luce sul senso profondo del dolore e della malattia in maniera più diretta. La figura di Giobbe, uomo giusto, ma pur sempre provato, ci ha condotti per un itinerario di riscoperta della propria fede attraverso la sofferenza e il dolore. Gesù, risposta vivente di Dio all'uomo che soffre, ha non solo fatto della sua vita una mano tesa verso i sofferenti, ma nella sua passione e morte ha scelto di condividere la loro sofferenza per darle un senso ed esprimere la sua compassione più vera. Paolo, Apostolo della genti, ci aiuta infine a comprendere e accettare il dolore e la prova come condizione della vocazione al discepolato e motivo di vanto.

Presa in esame la ricchezza che si riversa abbondante dalla Scrittura, ci è venuto più semplice operare il passaggio alla dimensione escatologica della sofferenza. Cristo, infatti, proprio attraverso la sua sofferenza ha meritato la redenzione all'umanità. Per i suoi stessi meriti ogni uomo, specie se nella sofferenza, può partecipare alla sofferenza redentiva di Cristo. Riferendoci, poi, alla "vita eterna", promessa da Gesù più volte nel Vangelo di Giovanni, abbiamo potuto prendere atto che questa si costruisce già da subito, specie se in situazioni di prova e sofferenza fisica.

L'impegno della Chiesa allora diventa emblematico e necessario non soltanto per l'impulso che può dare ai suoi figli al fine di mettersi al servizio dei fratelli; quanto e soprattutto nell'accompagnamento degli uomini che soffrono perché scoprano serenamente, nella loro situazione di vita, un vero e proprio "carisma" per il bene non solo delle loro vite, quanto anche dell'intera comunità. La prassi celebrativa del sacramento dell'unzione degli infermi esprime con chiarezza, nella trasparenza dei segni e delle parole, l'apporto della Chiesa affinché il malato comprenda l'aiuto che gli viene prestato nella sua debolezza ai fini di una "pienezza di vita".

BIBLIOGRAFIA

1. Fonti

1.1.Fonti bibliche

La Bibbia di Gerusalemme, Dehoniane, Bologna 2009.

1.2.Fonti patristiche

AGOSTINO DI IPPONA, *De civitate Dei*, in J. - P. MIGNE (ed.), *Patrologiae cursus completus. Series latina,* 41, Migne-Garnier, Paris 1845, 13-804.

CIRILLO DI ALESSANDRIA, *Explanatio in epistolam ad Romanos*, in J. - P. MIGNE (ed.), *Patrologiae cursus completus. Series graeca,* 74, Migne, Paris 1859, 773-856.

1.3.Fonti liturgiche

Rituale romano. Sacramento dell'Unzione e cura pastorale degli infermi, Libreria Editrice Vaticana, Città del Vaticano 1974.

1.4.Fonti magisteriali

BENEDETTO XVI, *L'eutanasia è una falsa soluzione al dramma della sofferenza*, in "L'Osservatore romano" 2/3 febbraio 2009, 149(2009)27.

BENEDETTO XVI, *Spe salvi.* Lettera enciclica ai vescovi ai presbiteri e ai diaconi alle persone consacrate e a tutti i fedeli laici sulla speranza cristiana, Libreria Editrice Vaticana, Città del Vaticano 2007.

Catechismo della Chiesa Cattolica, Libreria Editrice Vaticana, Città del Vaticano 1992.

CONFERENZA EPISCOPALE ITALIANA, *Evangelizzazione e Sacramenti della Penitenza e dell'Unzione degli Infermi.* Documento pastorale, 12 luglio 1974, in ECEI 2, 1351-1550.

COMMISSIONE EPISCOPALE DELLA CEI PER IL SERVIZIO DELLA CARITÀ E LA SALUTE, *"Predicate il Vangelo e curate i malati". La comunità cristiana e la pastorale della salute*, Nota pastorale, Figlie di san Paolo, Milano 2007.

CONCILIO VATICANO II, *Gaudium et spes*. Costituzione pastorale sulla Chiesa nel mondo contemporaneo, 7 dicembre 1965, in EV 1, 1319-1644.

CONCILIO VATICANO II, *Lumen gentium*. Costituzione dogmatica sulla Chiesa, 21 novembre 1964, in EV 1, 284-456.

CONGREGAZIONE PER LA DOTTRINA DELLA FEDE, *Dichiarazione sull'eutanasia*, 5 maggio 1980, in EV 7, 346-373.

GIOVANNI PAOLO II, *Christifideles laici*, Esortazione apostolica post-sinodale, 30 dicembre 1988, in EV 11, 1020-1243.

GIOVANNI PAOLO II, *Dolentium hominum*. Motu proprio, 11 febbraio 1985, in EV 9, 1410-1418.

GIOVANNI PAOLO II, *Evangelium vitae*. Lettera enciclica sul valore e l'inviolabilità della vita, 25 marzo 1995, in EE 8, 1800-2150.

GIOVANNI PAOLO II, *Salvifici doloris*. Lettera apostolica sul significato del dolore umano, 11 febbraio 1984, in EV 9, 620-685.

PAOLO VI, *Rito dell'unzione degli infermi*, 30 novembre 1972, in EV 4, 1838-1848.

PONTIFICIO CONSIGLIO PER LA FAMIGLIA, *Famiglia e procreazione umana*, 13 maggio 2006, in EV 23, 1835-1935.

2. Enciclopedie e Dizionari

AA. VV., *Dizionario teologico interdisciplinare 3*, Marietti, Torino 1977.

HAWTHORNE G. F. – MARTIN R. P. – REID D. G. (edd.), *Dizionario di Paolo e delle sue lettere*, San Paolo, Cinisello Balsamo (MI) 1999.

LEON-DUFOUR Xavier, *Dizionario di Teologia Biblica*, Marietti, Torino 1978.

RUSSO Giovanni (ed.), *Enciclopedia di bioetica e sessuologia*, Elle Di Ci – Velar – Cic Edizioni Internazionali, Leumann (TO) – Gorle (BG) – Roma 2004.

3. Studi

AMATO Angelo, *Gesù è il Signore. Saggio di cristologia*, "Corso di teologia sistematica" 4, Edizioni Dehoniane Bologna, Bologna 1999.

ANCONA Giovanni, *Escatologia cristiana*, "Nuovo corso di teologia sistematica" 13, Queriniana, Brescia 2007.

BOSCH Jordi Sànchez, *Scritti paolini*, "Introduzione allo studio della Bibbia" 7, Paideia Editrice, Brescia 2001.

BRUSCO Angelo – PINTOR Sergio, *Sulle orme di Cristo medico. Manuale di teologia pastorale sanitaria*, EDB, Bologna 1999.

CIMOSA Mario, *Gioia, Dolore, Persecuzione nell'Antico Testamento*, in PANIMOLLA Salvatore A. (ed.), *Dizionario di Spiritualità Biblico-Patristica*, "I grandi temi per la S. Scrittura per la «lectio divina»" 26, Borla, Città di Castello 2000, 42-71.

CONTE Nunzio, *Il pane della vita e il calice della salvezza. Teologia e pastorale dell'Eucaristia*, "Manuali di Panteno – Teologia" 2, Coop.S.Tom. – Elle Di Ci, Messina 2006.

CONTE Nunzio, *La preghiera della fede e l'olio della consolazione. Il sacramento dell'unzione e la cura pastorale degli infermi*, "Manuali di Panteno – Teologia" 4, Coop.S.Tom. – Elle Di Ci, Messina 2007.

CONTE Nunzio, *La prospettiva teologico-liturgica della malattia e della sofferenza umana*, in "Itinerarium" 15(2007)36, 47-60.

COSTA Giuseppe, *Fondamenti biblici della Bioetica*, "Cultura e vita" 7, Coop.S.Tom., Messina 2003.

COSTA Giuseppe, *L'icona biblica di Giobbe*, in "Itinerarium" 15(2007)36, 35-45.

GENSABELLA FURNARI Marianna, *La domanda del dolore*, in "Itinerarium" 15(2007)36, 19-33.

HEALY Edwin F., *Medicina e morale*, "Multiformis sapientia" 16, Edizioni Paoline, Roma 1956.

MONTANO Aniello, *Dolore e sofferenza*, in "Itinerarium" 15(2007)36, 13-18.

NOCENT Adrien – SCICOLONE Ildebrando – BROVELLI Franco – CHUPUNGCO Anscar J., *La liturgia, i sacramenti: teologia e storia della celebrazione*, "Anàmnesis" 3/1, Marietti, Genova 1986.

PENNA Romano, *La sapienza della croce in Paolo*, in *Parola, Spirito e Vita*, 2(2003)48, 139-152.

QUACQUARELLI Antonio (ed.), *Cirillo di Alessandria. Commento alla lettera ai Romani*, (trad. it. V. Ugenti), "Collana di testi patristici" 95, Città Nuova Editrice, Roma 1991.

RAVASI Gianfranco, *Gioia e sofferenza nel libro di Giobbe e nel Salterio*, in PANIMOLLA Salvatore A. (ed.), *Dizionario di Spiritualità Biblico-Patristica*, "I grandi temi per la S. Scrittura per la «lectio divina»" 26, Borla, Città di Castello 2000, 73-91.

RINAUDO Basilio, *Dio Trinità e la sofferenza d'amore*, "I Quaderni del Seminario" 4, L'Ascesa, Patti (ME) 2008.

RUSSO Giovanni, *Bioetica. Manuale per teologi*, LAS, Roma 2005.

TRAPÈ AGOSTINO (ed.), *Opere di S. Agostino. La città di Dio*, "Nuova Biblioteca Agostiniana" V/1, Città Nuova Editrice, Roma 1978.

INDICE GENERALE

Printed by Books on Demand GmbH, Norderstedt / Germany